André-Philippe Côté

De tous les...

CÔTÉ
2003

LE SOLEIL

© Le Soleil
925, chemin Saint-Louis
Case postale 1547, succursale Terminus
Québec (Québec) G1K 7J6

Dépôts légaux : 3e trimestre 2003
Bibliothèque nationale du Québec
Bibliothèque nationale du Canada

Diffusion : Le Soleil et Diffusion du livre Mirabel
Distribution : Diffusion du livre Mirabel
5757, rue Cypihot, Saint-Laurent, Québec H4S 1R3

ISBN 2-920070-09-6

DU MÊME AUTEUR

Aux Éditions Falardeau
Baptiste le clochard (épuisé)
Baptiste et Bali
Le monde de Baptiste
Allô Baptiste
Castello
La voyante
    Scénario : André-Philippe Côté
    Illustrations : Jean-François Bergeron

Chez Soulières, éditeur
Sacré Baptiste
Victor et Rivière (épuisé)
Bon voyage, Baptiste

Aux Éditions Le Soleil
De tous les... Côté, 1998 (épuisé)
De tous les... Côté, 1999
De tous les... Côté, 2000
De tous les... Côté, 2001
De tous les... Côté, 2002

Aux Éditions du Septentrion
Les années Bouchard
    Caricatures : André-Philippe Côté
    Texte : Michel David
Nouvelle-France, La Grande Aventure
    Texte : Louis-Guy Lemieux
    Illustrations : André-Philippe Côté

Aux Éditions Trois-Pistoles
Victor et Rivière
Écrire de la caricature et de la bande dessinée,
    Entretiens de Gilles Perron avec André-Philippe Côté

Sainte-Foy, le 28 août 2003

Pour certaines personnes, dont je suis, la lecture des journaux représente presque le quatrième repas de la journée.

Nouvelles, opinions diverses, éditoriaux, constituent un lien essentiel avec le reste du monde, une façon de se situer sur une planète au mouvement perpétuel.

Au-delà de cet aspect, encore faut-il souligner la part de bonheur que le journal apporte quand il additionne à son contenu - et c'est le cas du Journal Le Soleil - le message subtil d'un caricaturiste de talent.

Pour ma part, je ne compte plus les matins où, encore à moitié endormie, je me suis esclaffée devant les dessins inattendus d'André-Philippe Côté.

L'humour, la perspicacité, la sensibilité, l'absence de haine et de méchanceté qui forment l'assise de son travail font d'André-Philippe Côté l'un des meilleurs caricaturistes des dernières décennies.

En tant que « victime », je me sens honorée d'avoir été tant de fois l'objet de son inspiration; en tant que lectrice du Soleil, je me sens privilégiée de pouvoir profiter quotidiennement du génie d'un aussi grand artiste.

Andrée P. Boucher

Andrée P. Boucher

Mairesse de Sainte-Foy (1985 - 2001)
Animatrice à la station de radio CJMF

CANADA

PAUL MARTIN SERA-T-IL COURONNÉ ?

7

LE PORTRAIT OFFICIEL DE BRIAN MULRONEY VU PAR :

PICASSO

SALVADOR DALI

JEAN-PAUL LEMIEUX

JEAN CHRÉTIEN

CÔTÉ
21-11-02

9

RENCONTRE
DES PREMIERS MINISTRES

DÉLÉGATION FÉDÉRALE AU
SOMMET DE LA FRANCOPHONIE...

CHRÉTIEN PARTIRA-T-IL PLUS TÔT?

Côté
12-12-02

12

CHRÉTIEN RABROUE MC CULLUM...

SANTÉ: CHRÉTIEN VEUT AVOIR SON MOT À DIRE...

15

CHRÉTIEN NE HÂTERA PAS
SON DÉPART...

16

OTTAWA ET QUÉBEC SUPPORTERONT L'INDUSTRIE BOVINE...

Côté
23-5-3

CHRÉTIEN SE RÉJOUIT
DE LA DÉFAITE DU PQ...

MARTIN ATTAQUE CHRÉTIEN

OTTAWA AVOUE SON ERREUR
DE CALCUL...

QUÉBEC

21

22

POSITION CONSTITUTIONNELLE DE MARIO DUMONT

LE FRÈRE CHEVRETTE DÉFEND
LA PAIX DES BRAVES

25

26

27

EN 2002, ON A EU DROIT À UNE BIOGRAPHIE DE MARIO DUMONT

À 2 ANS, MARIO SCULPTAIT DES PARLEMENTS AVEC SA PURÉE DE POMMES DE TERRE.

À 6 ANS, IL ÉTAIT PRÉSIDENT, VICE-PRÉSIDENT, SECRÉTAIRE ET TRÉSORIER DU COMITÉ DE SA CLASSE.

À 12 ANS, IL CHERCHAIT ENCORE SA PERSONNALITÉ.

À 18 ANS, IL HÉSITAIT ENTRE ÉLEVER DES MOUTONS OU FAIRE DE LA POLITIQUE... IL A DÉCIDÉ DE FAIRE LES DEUX.

À 25 ANS, EN LABOURANT SON CHAMPS..., MARIO DÉCOUVRE SON ORIENTATION POLITIQUE.

À 32 ANS, MARIO FAIT ENCORE DES PARLEMENTS AVEC SA PURÉE !

31

33

34

35

BUDGET

25,678
42,821
56676
98765
23145
99877
456919
984521
675432
235991
795422
243209
667899
453901
698791
148652
239721
607650
998749
564947

CÔTÉ
24-4-3

41

42

43

LES LIBÉRAUX DÉPOSERONT DEUX PROJETS DE LOI SUR LES DÉFUSIONS...

46

47

RÉINVENTER
LE QUÉBEC

LE NOUVEAU LOOK DE MARIO...

NOUVEAU SONDAGE...

LES QUÉBÉCOIS VEULENT-ILS D'UN NOUVEAU RÉFÉRENDUM?

DUMONT S'INTERROGE SUR LA PERTINENCE DE TÉLÉ-QUÉBEC

50

ÇA VA MAL POUR CHAREST...

Juin	31%	PLQ
Juillet	31%	PLQ
Août	31%	PLQ
Septembre	31%	PLQ
Octobre	31%	PLQ
Novembre	31%	PLQ
Décembre	31%	PLQ
Janvier	31%	PLQ
Février	31%	PLQ

UN VOTE POUR LE PQ EST UN VOTE POUR LA SEMAINE DE QUATRE JOURS...

AU PALAIS PRÉSIDENTIEL...
... DE LANDRY

SOCIÉTÉ

LE TIERS DES CANADIENS APPORTENT DU TRAVAIL À LA MAISON...

MALGRÉ LA PLUIE, LA POPULATION EST INVITÉE À CONSOMMER MOINS D'EAU !

MARIAGE ET HOMOSEXUALITÉ SONT INCOMPATIBLES SELON OTTAWA...

LES DÉTENUS À DOMICILE
NE RESPECTENT PAS TOUJOURS LEUR
ASSIGNATION À RÉSIDENCE...

DÉCOUVERTE D'UN BLOC DE GLACE
À SIX MILLIARDS DE KILOMÈTRES
DE LA TERRE...

LA VÉSICULE BILIAIRE
DE L'OURS NOIR AURAIT DES
PROPRIÉTÉS APHRODISIAQUES

LE NOUVEAU TÉLÉROMAN
DE MICHEL TREMBLAY

APRÈS LE SRAS...
VOICI LE VIRUS DU NIL!

JOURNÉE INTERNATIONALE
DES FEMMES

QUÉBEC DIT NON À LA POLYGAMIE!

PENSES'Y MÊME PAS!

TOI, NON PLUS!

ARROSAGE INTERDIT

ADMISSIONS EN MÉDECINE
LES ÉTUDIANTS DES RÉGIONS ÉLOIGNÉES SERONT FAVORISÉS...

UNIVERSITÉ LAVAL

DEMANDE D'ADMISSION

LES TRAVAUX À L'AQUARIUM
VONT BON TRAIN...

ÉCOLES DE VILLAGE

LA REINE
NE VISITERA PAS MONTRÉAL...

L'ESPÉRANCE DE VIE PROGRESSE
RAPIDEMENT AU QUÉBEC...

TRAVAIL
LE STRESS DOUBLE LE RISQUE
DE CRISE CARDIAQUE

SELON UNE NOUVELLE DÉCOUVERTE, ÈVE N'A JAMAIS MANGÉ DE POMMES...

DES OGM DANS CERTAINS POTS POUR BÉBÉ...

SOMMET DES RÉGIONS
LES PARTICIPANTS N'ONT QU'UNE SEULE QUESTION À ADRESSER AU GOUVERNEMENT...

61

MICHAEL JACKSON S'EXCUSE...

PREMIER BÉBÉ CLONÉ RAËLIEN

47,4% DES MARIAGES ÉCHOUENT

SIMARD VEUT ARRACHER LES ADOS
À LEUR CONSOLE DE NINTENDO

LE CRTC SE DEMANDE SI LES
TÉLÉPHONES PUBLICS SONT ENCORE
UTILES...

L'ÉCART ENTRE RICHES ET PAUVRES
S'ACCENTUE AU CANADA

65

LE PREMIER CLONE RAËLIEN
NAÎTRA D'ICI 14 JOURS...

L'EXCÈS DE POIDS AUSSI
NOCIF QUE LE TABAC!

ÇA Y EST...
ILS VONT FAIRE
DES ZONES NON-OBÈSES!

D'APRÈS NOS PRÉVISIONS,
NOTRE BUREAU DE LA MÉTÉO
POURRAIT FERMER!

BUREAU
DE LA
MÉTÉO

ÇA VEUT
DIRE
QU'ON NE
FERMERA
PAS!

SEMAINE QUÉBÉCOISE POUR UN AVENIR SANS TABAC...

GESTION DE LA FORÊT

UNE THÉRAPIE AU LASER
POUR ARRÊTER DE FUMER

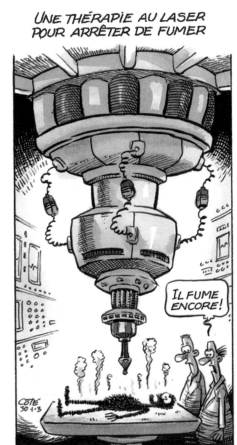

UNE ODEUR DE PURIN...

TEST DE FRANÇAIS

NOUVEAUX NOMS DE RUES PROPOSÉS PAR DES CITOYENS

69

FACAL VEUT AUGMENTER LE NOMBRE D'AUTOCHTONES, D'ANGLOPHONES ET D'HANDICAPÉS DANS LA FONCTION PUBLIQUE...

ICI, IL Y A UN AUTOCHTONE ANGLOPHONE HANDICAPÉ!

DONNE Z'Y TROIS JOBS!

Y'A DES MALADES DANS LES COULOIRS DES URGENCES, DES SANS-ABRI QUI GÈLENT DANS LES RUES, DES PERSONNES ÂGÉES QUI N'ONT MÊME PAS UN BAIN PAR SEMAINE... PIS LÀ, LE MINISTÈRE DE L'ÉDUCATION VA INVESTIR 150 MILLIONS DE DOLLARS POUR DEUX HEURES DE PLUS À L'ÉCOLE!!! C'EST UN GOUVERNEMENT QUI N'A VRAIMENT PAS LE SENS DES PRIORITÉS!!!

L'ACHALANDAGE A REPRIS À L'AÉROPORT DE QUÉBEC

Départs

SIX DÉFAITES DE SUITE...

ÇA NOUS PRENDRAIT AU MOINS UNE VICTOIRE DE SUITE !

ENFIN UNE PREMIÈRE VICTOIRE DE SUITE POUR LE CANADIEN !

APRÈS LE MATCH, ON ÉTAIT TOUS TRÈS ÉMOTIONNELS...

TOUT LE MONDE PLEURAIT DANS LA CHAMBRE DES JOUEURS !

CONCILIER FAMILLE-TRAVAIL

71

CONCILIER TRAVAIL-FAMILLE

ÉPANDAGE D'UN INSECTICIDE
CONTRE LES MARINGOUINS

LE HUARD SE REMPLUME...

CRISE DANS LES PÊCHES...

CROISSANCE DE L'OBÉSITÉ CHEZ LES JEUNES...

74

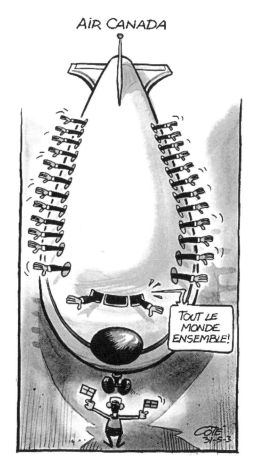

AIR CANADA

TOUT LE MONDE ENSEMBLE!

LE PROCHAIN DÉFILÉ DE MONTRÉAL MODE ?

VA, JOUER DANS L'AUTRE COIN... ICI, C'EST LE TERRITOIRE DES PLACES À 10$!!!

83

QUÉBEC A PERDU SON INNOCENCE...

93

NOUVELLE MODE À QUÉBEC: "LE COATSATÊTE"!

95

LES QUÉBÉCOIS VEULENT DU CHANGEMENT

HYDRO, LA VACHE À LAIT DU QUÉBEC...

98

INTERNATIONAL

JE ME SOUVIENS...

IRAK – USA

RÉFÉRENDUM IRAKIEN

DÉSIREZ-VOUS
QUE NOTRE PRÉSIDENT
BIEN-AIMÉ
SADDAM HUSSEIN
DEMEURE CHEF
DE NOTRE PAYS?

OUI

SI NON,
LAISSEZ VOTRE NOM
ET VOTRE ADRESSE,
UN DE NOS
REPRÉSENTANTS
SE FERA UN PLAISIR
DE VOUS RENCONTRER
AFIN D'EN DISCUTER
AVEC VOUS.

Côté 17-10-02

SUSPICION AMÉRICAINE...

103

DÉFAITE DES ANTI-KYOTO...

ENTREVUE AVEC SADDAM

JE N'AI PAS D'ARMES DE DESTRUCTION MASSIVE...

MAIS SI LES AMÉRICAINS NOUS ATTAQUENT, JE N'HÉSITERAI PAS À LES UTILISER!

1ᵉʳ prix, THE BIG STORY 2003, Graduated School of Journalism, Université de Berkeley, Californie.

111

DIX FOIS PLUS DE BOMBES EN IRAK...

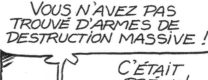

117

AUX PORTES DE BAGDAD

OTTAWA CONFIRME LA PRÉSENCE
DE SOLDATS CANADIENS EN IRAK...

122

123

125

126

MAIS OÙ EST PASSÉ LE MINISTRE IRAKIEN DE L'INFORMATION ?

REBÂTIR L'IRAK...

BROUILLE PERSISTANTE ENTRE PARIS ET LES É.-U.

C'EST STRUCTUREL !